MEMOIRE
en Images

BRIGNOLES

MEMOIRE
en Images

BRIGNOLES

Nathalie Maurel

ALAN SUTTON

Dans la même collection

Région Alpes-Côte d'Azur

Bollène
Cagnes
Cannes
Cavaillon
Embrun et son canton
Grasse
Le Beausset
Le Luc et ses environs
Le Pradet
Marseille (Littoral et gens de mer)
Miramas
Saint-Raphaël

Région Languedoc-Roussillon

Beaucaire
Carcassonne
Castelnaudary
Lodève et ses environs
Montpellier
Sommières et son canton

De nombreux ouvrages ont été publiés dans les autres régions françaises.
Un catalogue de près de 500 titres est disponible sur simple demande
auprès de votre libraire, ou aux Editions Alan Sutton.

Editions Alan Sutton
21, avenue de la République
37300 Joué-lès-Tours

Première édition mai 2000

ISBN 2-84253-418-2

Dépôt légal : mai 2000
Imprimé en Grande-Bretagne par Midway Clark Printing, Wiltshire

Sommaire

Un voyage en pays Brignolais au cœur de la Provence.

Introduction

Le patrimoine historique est très important dans notre région. Brignoles a toujours été un lieu de passage où de nombreux personnages se sont arrêtés. De François Ier (1538) à Louis XIV(1660), en passant par Charles IX (1564), de grands hommes de notre histoire ont laissé leurs traces. C'est aussi le berceau d'hommes célèbres tels que Joseph Parrocel (1648-1704), peintre des batailles de Louis XIV, ou François-Just-Marie Raynouard (1761-1836).

Située dans une vallée, cette ville arrosée par de nombreuses sources et traversée par la rivière du Caramy fut de tout temps un endroit privilégié pour s'y installer. Au Moyen Age débuta une longue période de prospérité pour Brignoles, comme en témoigne aujourd'hui sa vieille ville. L'église est agrandie, les comtes aménagent leur palais dans l'ancien château fort qui défendait le versant sud de la ville (actuel musée du Pays Brignolais). C'est dans ce palais que Louis d'Anjou, futur Saint-Louis d'Anjou, s'éteignit à l'âge de 23 ans.

Les siècles qui suivront ne feront que confirmer sa renommée, avec ses prunes séchées, les pistoles, célèbres dans tout le royaume jusqu'au XVIIIe siècle puis l'apparition des mines de bauxite à la fin du XIXe siècle.

Mais que reste t-il des paysages d'autrefois immortalisés par ces photographies ?

Cet ouvrage n'a pas la prétention d'être une vision exhaustive de Brignoles, il se donne simplement pour mission de réunir des clichés souvent oubliés qui illustrent toute la première partie du XXe siècle. Ne faut-il pas se souvenir d'hier pour penser à demain ?

En espérant que ces documents, réveillent chez les plus anciens des souvenirs enfouis et apportent aux plus jeunes des informations sur notre patrimoine. C'était il y a soixante ou cent ans, l'époque de nos grands-parents.

Bibliographie

Degioanni, André :
Brignoles, les années 1920.
Brignoles, les années 1930.
La fourmi et la tortue, guide de Brignoles.
La république de Brignoles.
L'almanach de Brignoles en Provence de 558 à 1975.
L'orme et les loups.
Les peupliers du Pré de Pâques.
A l'horizon voilà Brignoles.

Lebrun, Emilien :
Les eaux de Brignoles, 1876.
Essai historique sur la ville de Brignoles, Ed. 1897.

Paul, Jacques :
Saint Louis d'Anjou, Franciscain et évêque de Toulouse.
Les *cahiers de Fanjeaux* n°7 et 8.
« *Miracles et mentalité religieuse populaire à Marseille au début du XIVe siècle* », *Les Cahiers de Fanjeaux* n°11.
Evangélisme et Franciscanisme chez Louis d'Anjou.

Raynouard, François-Just-Marie :
Notice sur la ville de Brignoles, Ed. 1829.

Rozas-Brulard, Marie-José :
Les Brignolais au XIXe siècle, Ed. Les Alizés, 1987.
Les raisins brignolais de vendémiaire 1789-1799, Ed. Les Alizés, 1989.
Les Brignolais à l'ombre bleu horizon.

Héraud, René :
Les prunes de Brignoles, 1992 (1ère publication), 1994 (2e publication).
Légendes et récits brignolais, 1994.
Les visites royales à Brignoles de Raimond Bérenger en 1116 à Louis XIV en 1660, 1994.

Broc, Jean :
Recueil historique sur la ville de Brignoles.

Le Progrès Républicain (journal de Brignoles).

I
Promenade en ville

A l'horizon, Brignoles en 1915 !

Cette ville, autrefois close par de belles murailles, est située dans une vallée arrosée par de nombreuses sources. Son climat agréable attirera de grands hommes : Victor Hugo, Jean Giono...

La route du Val, avec sur sa gauche le petit séminaire Charles Borromée, qui a été inauguré en 1856. Cette construction, devenue caserne, puis collège de garçons, abrite aujourd'hui le lycée Raynouard.

Qui l'eut cru ?... Le départ de la route de Vins et de Le Val est aujourd'hui carrefour de l'Europe ! Plus loin, vers Le Val, au quartier de Saint-Lazare, où se trouvait jadis l'hôpital des lépreux, se prépare pour le 14 juillet 1923 le grand meeting d'aviation.

« Oh ! Brignolaises naïves/ Sur ses rives/ N'allez pas seules,/ Parmi les fleurs, sur la brume/ Quand la lune/ Se mire dans le Caramy ! », L'Ermite de Caramy.

La rivière du Caramy fut un endroit privilégié pour les promenades et les loisirs des Brignolais. On aimait venir y pêcher, y lire son journal à la fraîcheur des platanes.

Au loin, l'ancien pont des Augustins avec ses trois arches. Dès le début du siècle, on y établissait un barrage pour les joutes et les jeux nautiques de la fête de la Saint-Louis. Les enfants des différents quartiers venaient défendre leurs couleurs.

« *A mes pieds coule un fleuve au murmure docile/ Sur ses arbres touffus l'oiseau chante et vacille ;/ Ses bords à mes enfants offrent plus d'un appas/ Je connais des pêcheurs qui ne les quittent pas.* », Antoine Albalat.

Les femmes venaient aussi se rafraîchir à la fontaine près du pont dit des « Planques » ou des Augustins.

Après avoir fait bouillir le linge avec de la cendre, les lavandières venaient le rincer dans le Caramy. Elles le faisaient ensuite sécher sur les berges. Un proverbe raconte que « *la lavandière à son ruisseau, mangerait vif son damoiseau* ».

Dès 1857, la ville de Brignoles avait compris la nécessité d'être reliée au chemin de fer. Dans une lettre adressée à l'empereur Napoléon III, les élus locaux décrivent la ville comme « *point d'intersection de toutes les routes impériales* ». Dix ans plus tard, la voie ferrée passe par Brignoles.

La gare fut construite vers les années 1870. Un embranchement ferroviaire traversait tout l'arrondissement d'ouest en est, partant de Gardanne pour aboutir à Carnoules en suivant l'ancienne voie romaine. Elle bourdonnait au début du siècle d'une intense activité.

En 1910, quatre départs quotidiens desservaient la région. Il fallait trois heures pour rejoindre Marseille. Cette gare permettait une ouverture de la ville sur la France entière.
Aujourd'hui, de nombreux Brignolais aimeraient retrouver ces trains.

A droite, à l'emplacement de cette maison, s'élevait Notre-Dame-de-Lorette. Construite au XVIe siècle, elle accueillait les voyageurs venant de l'Ouest. Cette chapelle était déjà en ruine au XVIIIe siècle. A présent, seul le quartier garde son nom.

Les années 1910 voient le transfert de la sous-préfecture de la place des Comtes de Provence, sur la place du Palais de Justice.

En 1835, sur cette même place sont construits la caserne de gendarmerie, le palais de justice et les prisons.

Au centre s'élève l'allégorie de la Justice. Depuis 1844, elle domine cette place entourée d'auberges et de bâtiments administratifs.

La route de Toulon, appelée aussi route de la Celle, devient en 1930, sous la municipalité Louis Roche, l'avenue Frédéric Mistral, à l'occasion du centième anniversaire de la naissance de ce Prix Nobel.

Pour la foire de la Saint-Martin (le 11 novembre), avec le défilé et la vente des chevaux, cette avenue était le lieu de rencontre des viticulteurs, bûcherons et autres charretiers de la région.

Nous entrons dans le centre-ville par la rue de la République, artère très commerçante au début du siècle. A cette époque, c'était le passage obligé pour relier Paris à Nice. Elle fut le tronçon de la nationale 7 qui connut, dès les années 1950, des embouteillages célèbres.

Appelée rue Notre-Dame jusqu'en 1895, encore pavée en 1926, cette rue nous mène place Caramy.

La Grand'rue (aujourd'hui rue Jules Ferry) longe, comme dans de nombreux villages provençaux, les remparts. La publicité faisait son apparition, des banderoles étaient suspendues dans les rues.

La fontaine-lavoir et les jardins du boulevard Saint-Louis deviennent la gare des cars et le rond-point Mireille dès 1960.

Le départ de la rue du Docteur Barbaroux, ancien quartier des Augustins, où chaque maison avait son commerce. Louis XIV, lors de son voyage en Provence, assista à une messe dans l'église des Augustins située dans cette rue.

Rue Entraigues ou le bourg Entraigues signifie « *îlot entre deux eaux* ». C'était une rue avec de nombreux artisans, qui reliait les deux grandes places de la ville : la place Jean Raynaud et la place Caramy.

La rue du Grand Escalier ou les Escaliers Blancs (en 1943) se trouve sous l'église Saint-Sauveur. C'est également à cet endroit que se trouvaient les glacières de la cité où l'on entreposait la glace venue de la Sainte-Baume.

La rue du Saint-Esprit ou les Escaliers Rouges était, en 1914, le départ de la grande procession de Saint-Louis de Brignoles lorsque le 19 août se trouvait être un dimanche. C'est surtout la grande voie montante qui relie la ville basse aux hauts quartiers.

La fin de la Grand'rue en direction de la place de la Révolution et du chemin d'Italie, dit aussi route de Nice. Au début du siècle, on comptait plus de 50 fontaines dans la ville. C'était considéré comme un signe de prospérité.

Nous accédons route du Luc ou route d'Italie, aujourd'hui avenue Dréo ; c'était surtout la rue des charrons et des carrossiers dans les années 1930. « *Ma route d'Italie, à l'ombre des platanes/ Et des acacias aux feuilles diaphanes,/ Semble le vrai chemin fait pour diriger/ Vers la terre enivrante où fleurit l'oranger* », Antoine Albalat.

BRIGNOLES - Rue des Lanciers

La rue des Lanciers ou rue des Chevaliers aurait été autrefois un marché couvert. C'était une rue riche et commerçante qui reliait l'église Saint-Sauveur au palais des comtes de Provence.

1407 - Brignoles - Rue des Lanciers (Ancienne maison du XIIe siècle)

Il reste encore aujourd'hui cette façade, splendide témoignage de la fin du Moyen Age, qui nous révèle la richesse des habitations de cette rue à l'époque.

Cette place, devant les remparts, prit le nom d'un bourgeois brignolais du XIVe siècle qui demanda que l'on perce un nouvel accès dans l'enceinte de la cité. Cette requête lui fut accordée et on lui confia les clés de la porte de la ville.

La place des Deux Fours porte un nom qui rappelle l'emplacement des fours banaux, c'est-à-dire les fours communs dont on se servait moyennant une redevance. Les hauts quartiers comptaient quelque huit épiceries de détail au début du siècle. Dans les années 1950, les habitants de cette place fondent la commune libre de la Place des Deux Fours, en élisant un maire.

Le palais des comtes de Provence fut le siège de la sous-préfecture jusqu'à la Première Guerre mondiale. On put lire pendant longtemps, sur une pierre au-dessus de la porte de cette bâtisse, une inscription latine confortant l'éternité de ce lieu : « *Stet domus haec donec fluctus formica marinos ebibat et totum currat testudo per orbem* ». (Le palais tiendra tant que la fourmi n'aura pas bu l'eau de tous les océans et la tortue fait le tour de la terre).

La sous-préfecture était installée dans le château des comtes de Provence (XIIIe), il reçut ensuite le parlement d'Aix-en-Provence, avant de devenir tribunal puis école. A sa droite, la chapelle de Saint-Louis d'Anjou qui mourut à Brignoles en 1297, et à côté la première maison qui accueillait les réunions des consuls de la ville jusqu'en 1789.

Au cœur de Brignoles, non loin de l'hôtel de ville, cette rue qui deviendra la fameuse nationale 7 était le lieu des arrêts de voitures à chevaux, puis des cars et autobus. Au premier plan, on peut encore voir la borne fontaine offerte par la ville de Paris, symbole du passage au XXe siècle.

Vue sur la grande route Paris-Rome en 1922. A gauche, le Marius bar, qui existe toujours, était le siège du club doyen et omnisports de l'ASB (Association sportive brignolaise).

La grande fontaine du XVIIIe siècle est encore le point de rencontre de nombreux Brignolais et touristes. On pouvait admirer les trois vasques qui surmontaient les quatre mascarons à tête de lion. Cette fontaine a été construite en 1773 par un tailleur de pierre de Tourves, maître Mille.

Le vieil ormeau se dressait majestueusement sur la place Caramy. Témoin du passé de Brignoles, on raconte qu'il servit de potence lors de la Révolution. A la fin de sa vie, il abrita une petite échoppe de cordonnier. Mais vieillissant et devenant dangereux, il fallut le couper. Pendant *« mille ans son dôme tutélaire avait ombragé nos aïeux »*.

Le XXe siècle avait deux ans, la façade de l'hôtel de ville arborait en grosses lettres « *République Française* ».

La place Caramy accueillit au XVIIe siècle Louis XIV, lors de son voyage en Provence.

Alors qu'à Paris on brûlait la Bastille, à Brignoles, le 14 juillet 1789, on votait la délibération pour l'achat de l'hôtel de ville, ancienne maison bourgeoise. C'est à ce moment que la ville basse devint officiellement le coeur de Brignoles.

Déjà à cette époque Brignoles affichait un parc automobile important ! Mais le trafic n'empêchait pas les magasins de s'étendre jusqu'au milieu de la place.

4861. BRIGNOLES — Place Caramy sous la neige

L'hiver 1938 fut un hiver rigoureux avec d'abondantes chutes de neige. En des temps lointains, la légende raconte que des loups venaient danser autour du gros ormeau, lors des hivers très froids.

La place Sadi Carnot, ainsi baptisée en hommage au président de la République, reprit rapidement son nom de place Saint-Pierre. Saint Pierre est le vocable donné à la porte orientale des remparts de la ville.

Cette place vit naître, en 1761, François-Just-Marie Raynouard, futur secrétaire perpétuel de l'Académie Française. Après une carrière politique mouvementée, il consacra les dernières années de sa vie à des travaux sur la langue et la littérature romanes.

Actuelle place du 8 Mai, le nouveau marché remplace dès le début du XXe siècle les marchés éparpillés sur les différentes placettes de la cité. Aujourd'hui elle accueille le marché aux fleurs.

La bascule publique disparaît du paysage brignolais en 1951, lors de l'aménagement du boulevard Saint-Louis.

Le cours de la Liberté, un temps cours Napoléon, est un lieu de promenade et de jeu de boules. Les insurgés du 5 décembre 1851, coup d'état de Louis Napoléon Bonaparte, partirent du cours pour prendre la sous-préfecture encore située place des Comtes de Provence.

Sur l'emplacement d'une grande remise, en bas du cours, la municipalité décide de faire un square. « *Eveillée en sursaut d'un sommeil léthargique,/ La remise du cours prévoit sa fin tragique !/ Une prochaine mort menace sous les cieux,/ Le débris d'un autre âge importun à mes yeux* », Antoine Albalat.

Plus tard, surmontant le square, le monument aux Morts de la Grande Guerre fut inauguré le 21 novembre 1926. Les enfants de Brignoles n'ont pas épargné leur sacrifice pour la patrie.

L'ormeau de l'église Saint-Sauveur fut coupé au début du XXe siècle. Seul le portail reste le témoin de l'architecture de la fin du Moyen Age. Monseigneur de Miollis, archiprêtre de Brignoles au début du XIXe siècle, puis évêque de Digne, inspira le personnage de monseigneur Muriel des « *Misérables* » de Victor Hugo.

Les comtes de Provence décidèrent de placer l'église sous le vocable de saint Sauveur en référence à la cathédrale Saint-Sauveur d'Aix-en-Provence, qui était alors capitale de la région.

L'église Saint-Sauveur reçoit en 1860, de l'impératrice Eugénie, un tableau de Bénédict Masson : « *Le dernier soupir du Christ* ». Les deux vitraux du chœur seront offerts par une famille brignolaise.

Le couvent des Cordeliers abritait les Frères Mineurs (règle de saint François d'Assise) et existait déjà au XIIIe siècle. Très présent au sein des affaires de la cité, il est vendu comme Bien national à la Révolution et en janvier 1794 la partie sud de la bâtisse est transformée en salle de spectacle. Puis, le couvent devient, dès le début du XXe siècle, une cave coopérative.

Le 29 octobre 1876, a lieu l'inauguration de la chapelle de Notre-Dame-d'Espérance. Située sur les hauteurs, au sud de Brignoles, elle domine la ville. « *Elle semble là-haut posée au bord du ciel.../ Le soleil jusqu'au soir dore sa robe blanche/ Et quand la lune monte et sur elle se penche,/ On voit des diamants à son front maternel* », Jean Espesset.

La cité des comtes de Provence sera prospère grâce à sa terre et son climat. Elle deviendra à la fois une ville commerçante et touristique, « porte de la Côte d'Azur », elle saura en tirer profit et en faire sa renommée.

II

Economie d'autrefois

La fontaine des Trois Moulins accueille son lot de voyageurs et l'eau vient toujours à point après une longue marche. Elle est située sur l'emplacement des trois moulins Besson, qui alimentaient Brignoles en farine jusqu'au XIXe siècle.

Il n'était pas rare de rencontrer des troupeaux et leurs bergers sur les bords du Caramy.

Un troupeau de moutons presque sous la sous-préfecture. La présence d'un Poilu nous rappelle la dure réalité de cette époque. Nous sommes en 1916. Brignoles accueillait de nombreux régiments au repos, ainsi que des prisonniers allemands.

Le pont des Augustins avec ses scieries et ses moulins à huile voit le passage de nombreux troupeaux qui montent en juin vers l'alpage pour ne revenir qu'en octobre.

Toujours la halte des bergers locaux sur les bords du Caramy, au quartier du Pré de Pâques. Au début du siècle, les moutons ont laissé la place aux animaux féroces des plus grands cirques d'Europe voire du monde tels que le Buffalo-Bill ou le Zoo-Circus.

L'écluse du Pré de Pâques servit longtemps aux tournois de joutes sur le Caramy. C'était un spectacle inhabituel dans les terres, mais qui faisait la joie des Brignolais et des habitants des environs lors de la fête patronale de Saint-Louis. Tous les spectateurs se groupaient le long des berges de la rivière pour applaudir leurs jouteurs favoris.

Le Caramy a ses crues mais aussi ses périodes sèches pendant lesquelles les moutons s'installent dans son lit. Chaque quartier de Brignoles avait son troupeau et de nombreuses tanneries tournaient à grand régime.

Vu l'importance de l'élevage dans la région, Brignoles possédait un grand abattoir situé à la périphérie dans le quartier de la Burlière. Actuellement, ce bâtiment abrite un garage.

Le Caramy qui prend sa source à Mazaugues traverse la vallée en direction de Brignoles, puis continue sa route vers Vins. Cette rivière apporte la richesse au terroir. Certains racontent qu'en des temps lointains, la ville abondait en vergers et en cultures de tous genres.

Au loin, au sud de la ville, s'élève le roc du Candélon dont le marbre fut réputé. Il fut décrit avec passion par Antoine Albalat : « … *Du côté de la mer, un noir géant me garde,/ Et pendant que je dors, à l'horizon regarde :/ Fidèle et vieux témoin des aigles de Néron/ On ne peut pas m'aimer sans aimer Candélon* ».
Au premier plan, des charrettes transportent de la bauxite venue des mines de toute la région.

De ce rocher du Candélon étaient extraits des blocs de marbre de couleur rose. Certains vous diront que sa renommée était déjà grande à l'époque antique.

Les blocs de marbre étaient acheminés par charrettes puis plus tard par camions, non pas jusqu'à New York pour la statue de la Liberté, comme le suppose la rumeur, mais cependant dans de nombreux pays.

Le pont de Notre-Dame a traversé des siècles sans trop d'encombres. Il ouvre la ville vers Aix-en-Provence et dessert le quartier des Fabriques, zone industrielle de l'époque ! Nous sommes au tout début du siècle.

La Provence a toujours été une terre de blé, et Brignoles, dont le sol gorgé d'alluvions est riche, nous offre un tableau de moissons. Alors que le cheval tire, la faucheuse coupe, les hommes et les femmes lient les gerbes.

A chaque saison son labeur ! Le mois d'avril est là, c'est l'époque des pommes de terre.

L'aire de foulage non loin de la ville, sur le champ de San Sumian, où les habitants se regroupaient vers la fin juillet, sauf le 26 car une vieille croyance interdisait le foulage le jour de la Sainte-Anne. L'aire, *caladée* (pavée), recevait les gerbes de blé, tandis que les chevaux ou les mulets foulaient le grain. Ensuite, on passait le grain au tarare pour le nettoyer. Ici, les hommes ont rassemblé sur une bâche la récolte battue sur l'aire. Ils se relaient maintenant pour actionner la *ventarelle*.

Après la moisson venaient les vendanges. Elles se déroulaient aussi au rythme du cheval tirant la charrette de 12 à 18 « comportes ». C'était bien souvent l'occasion de grandes fêtes dans la région. Tous les membres de la famille se retrouvaient dans les vignes.
La cave des Cordeliers et la Brignolaise acceptaient à l'époque jusqu'à une tonne de raisins.

Les vendanges tant attendues arrivaient fin septembre et début octobre. Les cueilleurs emplissaient seaux et paniers que le porteur acheminait vers les « comportes » posées à la lisière du champ.

Deux ouvriers des vendanges : le porteur avec ses seaux ou sa hotte et son banneau, et l'enchâsseur qui écrase le raisin à l'aide d'un grand bâton appelé en provençal l'*emboutaire*. Le porteur vide les seaux dans l'entonnoir (l'*ensacadou*) posé sur la « comporte » (*cornudo*).

Voici le bouilleur de cru ! Il s'installait après les vendanges au bas du boulevard Saint-Louis, devant une remise.

La place Sadi Carnot, actuelle place Saint-Pierre. Au premier plan, le vanneur nous regarde ; il transporte de larges paniers à fond plat utilisés pour vanner le grain, les vans.

Au centre de la vieille ville, derrière la grande fontaine et son lavoir, se trouvent les anciennes grilles de la halle aux poissons, qui nous rappellent l'époque où ces derniers étaient acheminés depuis Toulon. Ils se vendaient dans l'unique poissonnerie de la ville qui disparut au début du siècle.

Au 2 de l'avenue Dréo, au coin de la rue Curni, l'établissement Courchinoux était la plus ancienne maison de Brignoles ne s'occupant que d'installations électriques et de ses dérivés.

Emilien Bourgues, sa femme Anastasie et sa fille Jeanne posent devant leur magasin de crépins (fournitures nécessaires aux cordonniers) et cuirs de la rue Jules Ferry. Les tanneries brignolaises du XIXe siècle avaient quasiment disparu en 1900, cependant les métiers du cuir subsistaient encore tels que les cordonniers, les bourreliers ou les selliers que l'on peut admirer sur la couverture du livre.

Grand départ pour la Corse, Marius Bonnaud et Loulou Margaillan vont au congrès des boulangers.

La charcuterie Jauffret, située 2, rue du Docteur Barbaroux. Devant la porte, la charcutière au chignon impeccable et les petites filles coiffées de leur grand chapeau nous permettent d'apprécier la mode du début du siècle.

C'était l'épicerie du quartier, le magasin de comestibles, où trois générations de vendeuses, toutes de la famille Mistre, posent fièrement.

Chez la veuve Mistre, on parle de denrées coloniales et déjà du bouillon Kub ! Lorsque le 8e colonial vint à Brignoles, à l'époque de Georges Clemenceau (sénateur du Var), en 1908, les boutiques y trouvèrent leur compte !

Les établissements Brun Fils se trouvaient sur la place Caramy. Cette entreprise importante vendait le cuir et les crépins dans toute la région.

Voici une époque où l'on pouvait exposer les baignoires sur le trottoir ! Magasin Solliers, rue de la République.

La rue de la République est alors une des artères les plus commerçantes de Brignoles.

Un magasin de comestibles s'est installé dans l'ancienne tour de garde de la porte Caramy (dans les remparts). Situé à l'entrée de la rue Cavaillon, il fait la transition entre les hauts quartiers et le centre-ville.

La rue du Docteur Barbaroux, anciennement quartier des Augustins, porte le nom d'un exilé du coup d'Etat de 1851, qui mourut en tant que député à son retour de Bordeaux. Le bar-tabac dans l'angle existe toujours.

Un petit marché place Caramy offrait aux Brignolais, le mardi ou le mercredi, les produits locaux. Il fallut attendre la création des égouts, en 1926, pour que la place Caramy s'embourgeoise et écarte les étals encombrants vers sa voisine la place du Nouveau Marché (actuellement place du 8 Mai).

Sur les escaliers de la librairie de la place Caramy, on refait le monde. Des générations ont fréquenté son populaire « banc des raides », avides d'échanger les dernières nouvelles, derniers potins et événements d'importance.

Le café de l'Univers qui, le premier vers 1885, accueillit l'électricité, trône en face de la fontaine, place Caramy. Cette vue date certainement du début du XXe siècle, car le cinéma n'était pas encore construit.

Le café de l'Univers et son restaurant voisinent avec l'immeuble des Dames de France et du café Français. La terrasse de l'établissement reçoit la clientèle bourgeoise de Brignoles et de sa région, surtout le samedi, jour des affaires dans la cité, où les chapeaux et les nœuds papillons sont de rigueur.

Au premier étage du café de l'Univers, dans les salons, se tenaient des soirées dansantes, des réceptions mondaines ou des réunions politiques.

Entre le café de l'Univers et le café Caramy se trouve le cinéma. Le premier film parlant à Brignoles se joue le 31 octobre 1931, avec une comédie de la Paramount, « *Marions-les* ». La salle est comble aux quatre représentations.

Le café Français (emplacement du Crédit lyonnais actuel) fut longtemps le rival de son voisin l'Univers. Alors que le café Français était le siège politique des Républicains, les Rouges, l'Univers, lui, recevait les royalistes, les Blancs. Cette mitoyenneté faisait l'objet de petites guerres amicales.

Le café du Globe, dans la Grand'rue, disparut à la veille de la Première Guerre mondiale. Au premier étage on avait installé le cinémascope qui projetait, au grand plaisir des Brignolais, les films muets. Le lendemain, les commentaires allaient bon train devant un verre d'absinthe.

Le café des Sports, ou café Coulomb, était le siège de la 1 606e section des vétérans de la guerre de 1870. A sa gauche, l'Auto-Garage, ou garage Brun, dépanna de nombreux automobilistes utilisant la fameuse nationale 7. Le rallye de Monte-Carlo s'arrêta souvent en cet endroit. C'est ainsi que le 22 février 1914, Brignoles était en émoi, en apprenant que la grande course automobile Marseille-Monaco passait le matin même.

L'hôtel Fabre de Piffard, situé dans la Grand'rue (rue Jules Ferry), offrait à ses clients un vaste garage avec une entrée côté nationale 7 et une autre rue Douzon. Le 9 mars 1914, une grande effervescence régnait autour de cet hôtel, la princesse de Battenberg, accompagnée de sa suite, arrivait.

En bas de la rue du Docteur Barbaroux et du boulevard Saint-Louis se côtoyaient tous les transports. C'est l'emplacement actuel de la gare des cars.

L'avenue Dréo, souvenir d'un député de la circonscription, ou route de Nice, était l'avenue des charrettes et des charretons. L'agence Berliet et Citroën, le Modern' Garage, était le dernier point de vente d'essence avant la sortie de Brignoles. Plus tard, à côté, s'est construit le Grand garage Blanc.

Le garde champêtre de Brignoles, monsieur Héraud, en plein travail !

Les employés de la Société générale posent devant l'entrée de la banque. Ce bâtiment deviendra l'actuel espace Gavoty, la salle du conseil municipal.

La fontaine des vins de la foire exposition de 1938 reproduit la fontaine de la place Caramy. La scène se déroule sous le regard attentif de Jules Barrière (portrait placé en hauteur), un des fondateurs de la manifestation annuelle qui se déroulait au hall des Expositions nouvellement inauguré.

Une vue des mines de bauxite en 1947. Les ânes qui tiraient les wagons dans les galeries devenaient souvent aveugles. Ils étaient soignés et bichonnés par tous les mineurs.

On utilisait le pin, nommé « bois qui chante », pour construire les galeries, car il craquait avant de se briser et prévenait ainsi les mineurs de fond.

Les mines de bauxite, ouvertes à la fin du XIXe siècle, procurent à Brignoles un essor économique important. Leurs fermetures laisseront un grand vide dans notre région.

L'ingénieur pose en 1950 entouré des mineurs sur le site des mines de bauxite à ciel ouvert.

III
Les écoles

En route pour l'école primaire supérieure de garçons. L'hiver 1935 est froid, mais bien encapuchonnés, les écoliers prennent toutefois le temps de jouer sur le pont des Augustins.

Le petit séminaire Charles Borromée, inauguré en 1856, devint après la séparation des Eglises et de l'Etat une caserne puis l'école primaire supérieure de garçons.

P. B.

4. Brignoles - Ecole Primaire Supérieure de Garçons - Le Cabinet du Directeu

Nous sommes en 1924, l'école vient juste d'ouvrir, c'est dans un bureau sobre que le directeur s'installe. Il ne faisait pas bon le visiter !

6. BRIGNOLES — Ecole Primaire Supérieure de Garçons — Une Salle d'Etude

L'école supérieure de garçons accueillait de nombreux élèves de toute la région. Après la classe, les internes étaient regroupés dans une grande salle d'étude pour les devoirs du soir. Le silence absolu était de rigueur.

7. BRIGNOLES — Ecole Primaire Supérieure de Garçons — Ajustage et Machines-Outils

Les ateliers de l'école offraient aux élèves un apprentissage aux divers métiers nécessaires à la région.

8. BRIGNOLES — Ecole Primaire Supérieure de Garçons — La Forge

La forge où les jeunes garçons s'initiaient à donner des formes au métal, en utilisant le foyer pour le rendre malléable, puis l'enclume (ici placée sur un billot de béton) pour le martelage. Le travail du fer donnait, encore au début du siècle, une grande variété de spécialités dans l'artisanat.

L'atelier de menuiserie. Si les bons outils font, selon le proverbe, les bons artisans, encore faut-il savoir les utiliser. C'est sur cet établi que l'élève exécute les innombrables opérations permettant de façonner le bois.

Une salle de classe austère, avec son tableau noir, son poêle et ses bancs raides, restitue l'atmosphère sévère de l'époque.

La cuisine de l'école de garçons.

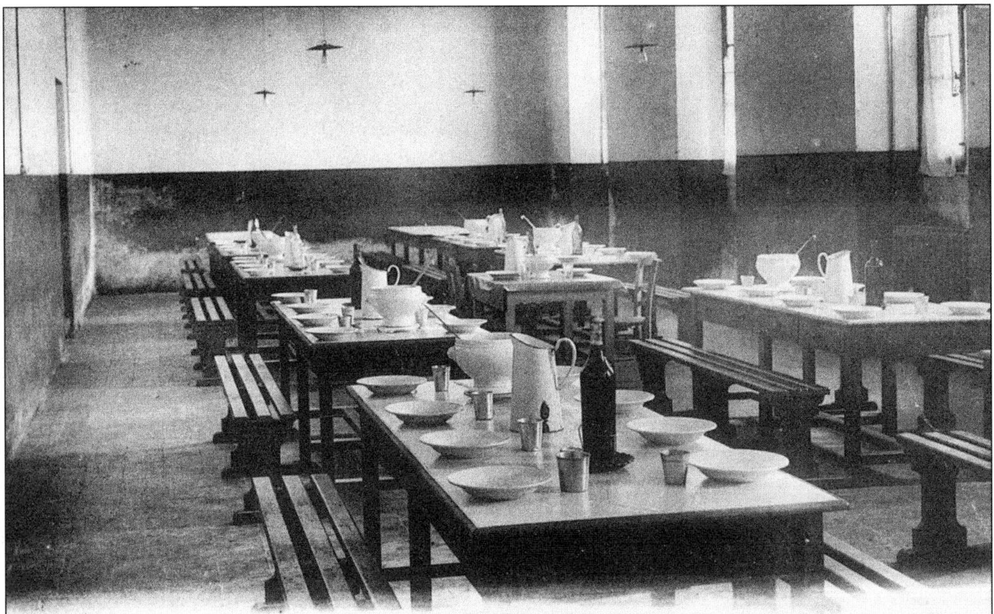

C'est ici que tous les élèves se réunissaient pour le repas collectif : le réfectoire. La soupe est déjà sur la table !

Le dortoir. Que de lits alignés ! Très peu d'espace et pas d'intimité. Un nombre important d'élèves étaient réunis pour suivre leurs études à Brignoles qui, en tant que chef-lieu, possédait, selon la loi Guizot de 1883, une école primaire supérieure. L'enseignement était gratuit et obligatoire depuis les lois Ferry de 1881.

Joyeuse baignade des garçons dans le bassin situé au centre de la cour de l'établissement.

Au début du siècle, ce bâtiment sur le cours de la Liberté accueille l'école primaire supérieure de jeunes filles.

En 1886, le groupe scolaire primaire est construit cours de la Liberté. A partir de 1901, des démarches ont été entreprises pour obtenir la création de l'école supérieure de filles. La partie centrale du bâtiment va donc être rehaussée d'un étage.

Hall d'entrée de l'école de jeunes filles. Cette photo date de 1939. Dès 1929, les jeunes filles suivent, dans les écoles supérieures, les mêmes programmes que les garçons. Toutefois, leur éducation reste encore tributaire de l'idéal de la femme au foyer.

A cette époque, les blouses étaient de rigueur !

Au début du siècle, le programme scolaire des jeunes filles donnait une grande importance aux formations jugées utiles pour les femmes : la cuisine et la couture. Ici, un atelier de couture.

L'uniformité de la tenue scolaire laissait parfois la place aux costumes traditionnels lors des danses provençales.

Enfin les vacances ! Les jeunes filles du collège Liberté sont heureuses de partir en voyage.

En 1903, le couvent des Ursulines était déjà un pensionnat de jeunes filles. Les récréations se passaient dans le jardin, actuel parking de la caserne des sapeurs-pompiers.

En 1935, à l'école Jeanne d'Arc, étaient organisées des séances récréatives avec des déguisements à l'occasion de la fête de fin d'année.

En 1934, l'école de musique de Brignoles accueillait déjà de nombreux élèves.

La musique était enseignée sous la direction du chef d'orchestre, Octave Henry.

Très longtemps, filles et garçons font classe à part. Voici une photo de classe prise à l'école supérieure des filles de 1939.

Dix ans plus tard, toujours le même sourire figé pour la petite classe.

IV

Le temps des casernes

C'est avec joie que les Brignolais accueillent, en juin 1908, trois compagnies du 8e régiment d'infanterie colonial. Toute la ville prit l'aspect d'un jour de fête. A cette occasion les grands magasins des Dames de France étaient pavoisés. Pour célébrer cet événement, un jour de congé fut accordé aux élèves et aux ouvriers.

C'est sous les applaudissements de toute la population massée sur les trottoirs que les militaires rejoignent leur caserne, l'actuel lycée Raynouard.

Après une longue bataille entre « casernistes » et « anti-casernistes » dans le canton de Brignoles, c'est au son des clairons et de la Marseillaise que les troupes s'installent.

Au début de la Première Guerre mondiale, un camp de chasseurs alpins s'installe au quartier Saint-Jean.

Pour le 6e et le 23e bataillon de chasseurs alpins, la vie s'organise dans le camp.

Dès septembre 1913, de grandes manœuvres se déroulent dans tout le canton. Y prennent part le régiment d'infanterie, le bataillon des chasseurs alpins, deux batteries du 55e d'artillerie et un peloton du 8e hussard.

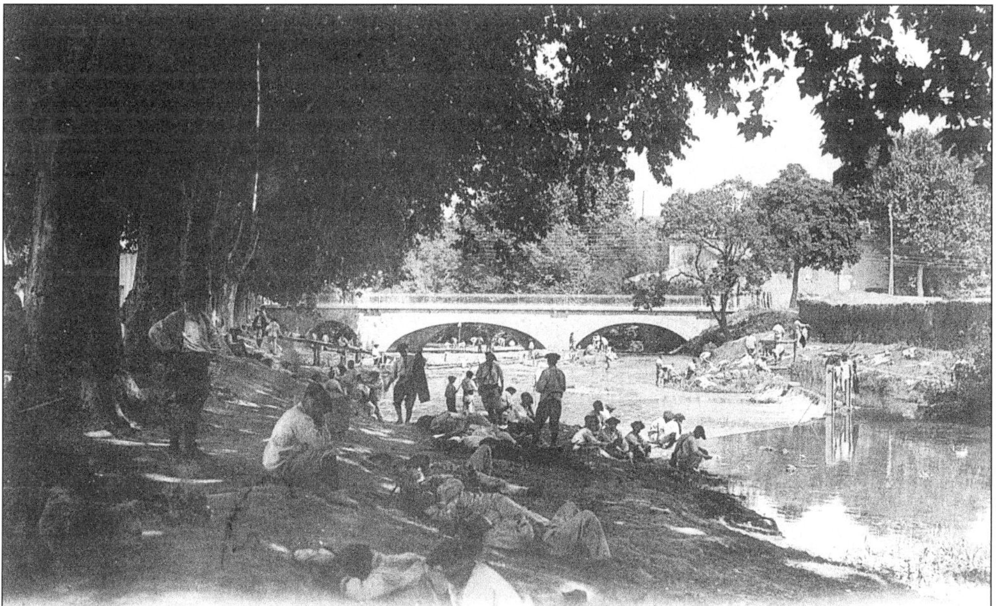

Les chasseurs alpins prennent un peu de repos au bord du Caramy. Ils en profitent pour effectuer ablutions et lessive dans la rivière, non loin du pont des Augustins. Ces moments de détente leur permettaient d'oublier un temps les atrocités du front. Leur moral était au plus bas, se retrouvant aux cafés de la place Caramy, le ton montait à l'évocation des tranchées et des bombardements.

Cet hôpital situé sur la route de Nice à la sortie de Brignoles devient hôpital militaire pendant la Première Guerre mondiale pour accueillir tous les blessés de la région.

L'hôpital fut en activité jusqu'au 19 août 1944, jour de la libération de Brignoles. Les bombardements alliés, lors du débarquement en Provence, l'ont touché par erreur. Ce sont donc des fonds américains qui ont permis la construction de l'actuel hôpital Jean Marcel.

Alors que les bataillons des chasseurs alpins étaient cantonnés quartier Saint-Jean, le régiment du 114e territorial logeait dans l'ancien couvent des Ursulines jusqu'à la fin de la Première Guerre mondiale.

La paix revenue, on retrouve six cents russes perdus dans le terroir, il n'y a que le couvent des Ursulines pour loger ces malheureux, mais le conseil municipal de l'époque refuse par peur de contamination éventuelle.

Dès l'armistice annoncé, une souscription pour le monument aux Morts est ouverte. Les avis sont partagés pour son emplacement et finalement on renonce au cimetière, lieu trop éloigné du centre-ville. Il sera érigé dans le petit square situé à l'entrée du cours de la Liberté en 1924. Deux ans plus tard, le dimanche 21 novembre, le monument sera officiellement inauguré.

Le 14 juillet 1917, les enfants des écoles et la population brignolaise se sont regroupés sur l'esplanade du Pré de Pâques. A cette occasion, le commandant de la place de Brignoles remet, en présence du sous-préfet, des autorités militaires et civiles, la Croix de Guerre à Victor Bonnaud, pour son fils mort au combat deux ans plus tôt.

Vingt-trois ans après la guerre de 1870, la « classe de Fer » pose pour la gloire.

V
La vie sportive

Le foot arrive à Brignoles avec la venue du 8e colonial en 1908.
Malgré les critiques des anciens, la balle au pied (football) remplace très vite le jeu de paume traditionnel.
Dès la fin de la guerre, les jeunes sportifs éprouvent le besoin de se réunir au sein d'une association qui regrouperait tous les sports. En 1921, l'Association sportive de Brignoles voit le jour avec monsieur Armet à sa tête, messieurs Boyer et Sarrus comme vice-présidents et déjà 70 membres.
Dès 1925, cette équipe aux couleurs bleu foncé sur fond bleu clair dispute les championnats de football du district de Provence.

Au début, les équipes de foot se rencontraient sur le vaste Pré de Pâques où était aménagé un stade. Ce match se déroule sur les berges du Caramy.

Cette équipe de la fin des années 1920 pose sur le même terrain.

Dès 1929, l'ASB évolue dans le championnat de la Côte d'Azur. L'année suivante, l'équipe est championne de Côte d'Azur. Lors des matchs, le stade Tivoli recevait jusqu'à mille spectateurs.

Le 9 septembre 1934 est inauguré le parc des sports route de Marseille, lors d'un match amical La Crau-ASB.

1939-1940, la guerre est là ! On réussit cependant à réunir une équipe de 11 joueurs qui affronteront les différentes formations militaires en stationnement à Brignoles et continueront leur déplacement dans les villes voisines. En décembre 1943, on inaugure le stade Raoul Delpon (ancien joueur de l'ASB mort pour la France en 1940).

Le 19 décembre 1947, le stade de Brignoles reçoit le 5e tour de la coupe de France avec la venue du SO Montpellier. Tous les Brignolais sont au rendez-vous. En présence des envoyés spéciaux de Paris, Marseille et Toulon, l'équipe est présentée. Leur défaite, après prolongations, est plus qu'honorable face à une équipe professionnelle de 1ère division (2 à 1).

La fin des années 1940 verra l'entrée d'un grand joueur, Jean-Jacques Marcel, qui signera par la suite au FC Sochaux en professionnel puis participera à deux coupes du Monde en 1954 et 1958.

Les années 1950 apporteront souvent la victoire à l'équipe de l'ASB (coupe du Var), elle aura aussi plusieurs fois l'occasion de recevoir Sochaux pour des matchs amicaux. Ces années seront riches en rebondissements pour le football brignolais.

C'est aussi au printemps 1921, que les jeunes amateurs de vélo s'organisent. Marius Perello, propriétaire du Marius bar place Caramy, fut le premier à présider le Club cycliste brignolais.

Louis Peirano, dit « Papillon », sera champion du Var en 1929 : 100 km dans le temps record de 3 heures 13 minutes.

Fondé en juin 1937 par une poignée de sportifs, le Club athlétique brignolais (CAB) fera tout d'abord son chemin jusqu'en 1942. La guerre, l'Occupation, le manque de direction technique et le pillage du matériel le mettront en sommeil. Ce club se remettra en marche après la guerre, dans un petit local du couvent des Ursulines, avec du matériel de fortune.

Après avoir débuté en compétition en 1938, au concours fédéral du Sud-Est à Nice, dès 1939, le CAB participe au concours international de Genève. Très beau voyage pour les gymnastes qui seront accueillis à leur retour par la clique brignolaise, qui les accompagnera place Caramy pour un apéritif offert au bar de l'Univers. Ils avaient obtenu le prix d'excellence couronné.

En 1950, le CAB s'attache les services de l'international monsieur Pardini, qui formera des générations de champions.

Dès 1941, l'Association sportive brignolaise est à vocation multiple : football, cyclisme, athlétisme, tennis, tir, gymnastique et basket-ball. C'est à cette même époque que des équipes féminines se forment et participent aux rencontres du département et de la région. Ici l'équipe féminine de basket-ball, en 1944, sur la place du Palais de Justice.

Le sport automobile eut sa place à Brignoles dès 1935. Le rallye de Monte-Carlo attirait déjà de nombreux concurrents. C'est avec fierté que les participants brignolais sont de retour dans leur ville.

VI
Brignoles en fête

Déjà en 1911, des films muets étaient projetés dans une salle au premier étage du café du Globe. Ce n'est que plus tard que Brignoles a possédé un vrai cinéma place Caramy. En 1931 le premier film parlant est diffusé.

La municipalité achète les dépendances du couvent des Cordeliers en 1793 pour en faire une salle de spectacle.

Ce théâtre, réplique du théâtre Garnier, accueillait de nombreuses troupes. En 1923, par exemple, pas moins de quinze représentations s'y déroulèrent allant du vaudeville à l'opéra avec « *Mireille* », « *Carmen* », « *Le barbier de Séville* », « *Werther* » et « *La Traviata* ». C'était le rendez-vous des Brignolais jusqu'au début des années 1930 ; puis il fut vendu et transformé en cave coopérative vinicole.

BRIGNOLES (Var) - Hôtel-Restaurant du CHATEAU TIVOLI - Route Nationale N° 7 — Téléph. 3

Château-Tivoli, Brignoles, sur la nationale 7, une étape de bon goût entre Aix-en-Provence et Nice. Les hommes politiques (Churchill), les artistes (Sarah Bernhardt ou Fernandel) ne manquent pas la halte brignolaise sur la route de Nice, même s'ils se rendent parfois, comme Fernandel, au bal des Petits Lits Blancs à Cannes. Une clientèle, parmi le commerce régional, est fidèle à l'établissement tenu par monsieur Fabricius, hôtel de grand renom, réputé pour sa tranquillité malgré la nationale 7 à proximité. Brignoles était alors la porte de la Côte d'Azur.

BRIGNOLES (Var) - Hôtel-Restaurant du CHATEAU TIVOLI - Route Nationale N° 7 — Téléph. 3

Le président Vincent Auriol, de passage dans la région avant son départ pour l'Afrique Occidentale Française, vient en visite à Brignoles le 14 avril 1947. A cette occasion, le maire, Jean Marcel, accueille le président à la limite du territoire de la commune. Le préfet du Var, monsieur Perony, qui l'avait reçu à l'entrée du département, cède sa place au maire dans la voiture présidentielle.

C'est dans la voiture officielle, une superbe Delage, que le président Auriol et le maire Jean Marcel font leur entrée dans Brignoles vers midi. Ils font leur premier arrêt place Caramy, puis le cortège se rend, à pied par la rue Jules Ferry, vers le monument aux Morts, pour un dépôt de gerbes. La foule est regroupée dans la rue pavoisée à cette occasion et c'est sous les applaudissements que le cortège se dirige en direction du collège de garçons, route du Val.

C'est donc au collège de garçons (actuel lycée Raynouard) qu'a lieu le grand banquet de réception. Après les allocutions du maire Jean Marcel et du conseiller général, le docteur Cauvin, le président Auriol prononce un important discours radiodiffusé dans toute la France et entendu directement dans la ville grâce à des haut-parleurs.

Suite aux événements d'avant guerre, la foire de Brignoles s'arrête en 1939. Aussi sa reprise (la 18e foire exposition) va-t-elle faire date. Elle est inaugurée le 14 avril 1947 par le président de la République lui-même. Vincent Auriol a écouté le compliment de bienvenue d'Armande Paul, en costume traditionnel.

Le président tenait à témoigner sa sympathie pour le monde agricole du Var. Lors de son émouvante allocution le maire dit au président : « *Vous verrez ce que peut réaliser une petite ville qui a souffert de la guerre, qui croit à son avenir et qui ne veut pas mourir... Votre présence lui donne aujourd'hui la valeur d'un symbole et d'un heureux présage.* » Sur cette photo, une chaleureuse poignée de main est échangée avec Marie-Louis Broquier.

Pour le corso du lundi de Pâques, le 24 avril 1930, en l'honneur des sinistrés du Sud-Ouest, victimes de récentes inondations, un grand défilé est organisé. Ici le bateau *La Pintade*, de douze mètres de long, est présenté par le talentueux groupe d'art populaire. Rien ne manquait à bord : capitaine, pilote, équipage, passagers, le tout animé par un orchestre de premier ordre qui obtint un succès considérable.

Le corso toujours au secours des sinistrés : « *Dites bien aux Brignolais que chacun d'eux donne,/ qu'à votre appel, toute grande s'ouvre leur main,/ acceptez de grand coeur la plus petite aumône/ la charité saura la grossir en chemin…* », la garde de sa majesté Carnaval.

Le carnaval dans la ville, nous sommes en 1920, peu après la guerre. Les gens avaient retrouvé la joie de vivre et les manifestations, souvent grandioses, étaient préparées avec un grand soin.

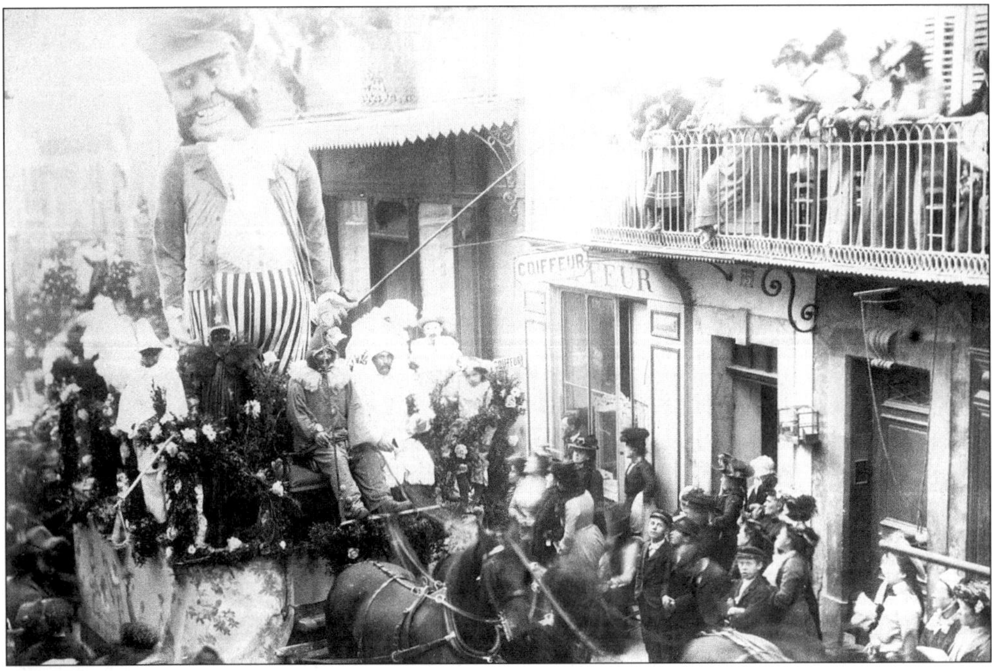

Le défilé du carnaval avec ses énormes chars tirés par les chevaux. Une foule importante s'est amassée tout le long du parcours.

Les années se suivent et les grosses têtes changent, nous sommes déjà en 1935, devant l'ancien couvent des Ursulines. Messieurs Jauffret, Martin, Panuel, Donnadey, Perrelo... posent coiffés de leur haut-de-forme devant le char.

Le corso fleuri de 1937, le char du dancing club Dans les Roses s'apprête à suivre en musique le défilé de la fête dans les rues de la ville.

L'imagination fertile et créative ne manquait pas lorsque le carnaval s'annonçait. Toutes les fantaisies étaient permises, même les voitures abondamment fleuries et garnies de verdure.

Bobo Ier, prince de la nuit, roi des tapageurs, est de sortie le dimanche 19 février 1939 pour annoncer le début du carnaval. Les musiciens brignolais l'accompagneront jusqu'au mardi soir où il sera brûlé. Un autre géant verra le jour l'année suivante pour maintenir la tradition.

Après la guerre, les fêtes du 14 juillet reprennent leur droit.

Aux éclats des cuivres, sous la baguette du chef, la grosse caisse vibre, les clairons sonnent pour donner le rythme aux différentes manifestations de la ville.

La fanfare brignolaise se plaçait souvent sur les marches du palais de justice.

18. **Brignoles** — Chapelle St-Louis

Louis d'Anjou voit le jour en février 1274. Il n'a que quatorze ans lorsqu'il est emmené en captivité en Catalogne, en échange de la libération de son père Charles II. 1288 marque le début de sept longues années d'emprisonnement. A sa libération, Louis renonce aux honneurs de son rang et cède le trône à son frère Robert. L'habit de franciscain lui est secrètement accordé à condition qu'il accepte l'évêché de Toulouse. En août 1297, Louis, affaibli par la maladie, s'arrête à Brignoles où il s'éteint dans le palais des comtes de Provence. Louis d'Anjou est canonisé en 1317. La ville de Brignoles décide trois siècles plus tard de le prendre comme saint patron et le fête tous les 19 août.

En août 1897, pour le 600e anniversaire de la mort de Saint Louis, la population Brignolaise se presse en cortège pour accompagner son saint patron dans les rues de la ville. « *Tous se bousculent pour guetter sur le visage en carton pâte des signes de vie.* »

Cette année-là, pour commémorer cet anniversaire, une croix est érigée sur une stèle en haut du cours de la Liberté. Elle sera déplacée plus tard lors de l'aménagement de ce cours et on la retrouve actuellement dans le petit square près de l'hôpital.

Comme chaque année aux environs du 19 août, le cortège, précédé des fifres, tambours et tambourins, raccompagne Saint Louis dans l'église Saint-Sauveur qui conserve plusieurs reliques. Les Brignolais aiment croire que le dernier miracle de Saint Louis fut la libération de Brignoles le 19 août 1944.

Après les cérémonies religieuses, tous se retrouvent au bal (ici le bal de 1937), puis un grand feu d'artifice, autrefois tiré au Pré de Pâques, clôt les festivités.

Le blason de Brignoles : « *Ecartelé au premier quartier d'azur à une fleur de lys d'or surmontée d'un lambel à trois pendants de gueules, qui est la Provence.*
Au deuxième et au troisième quartier d'azur à une lettre « B » *majuscule d'or, l'un pour Brignoles et l'autre pour la famille Bérenger de Barcelone.*
Au quatrième quartier d'or à quatre pals de gueules, qui est la Catalogne. »

Remerciements

Je tiens à remercier messieurs Dégioanni et Morel qui, en m'apportant de précieuses informations, m'ont aidée à faire revivre cette époque.

Ce livre n'aurait pas pu voir le jour sans l'aide et surtout la confiance de toutes ces personnes : Jamp et Lukas, Nicole Maurel, Blanche Aimé, l'Association des amis du vieux Brignoles, le musée du pays Brignolais, l'Association des anciens élèves du Raynouard, Octave Bernard, Gérard Betelli, Jeanne Blacas, madame Brissi, Geneviève Brun, monsieur et madame Brun, madame Chailly, monsieur Difranco, Joseph Fernandez, Paul Florent, Marie-Noëlle Gianni, monsieur et madame Gillet, madame Lucienne Gras, René Héraud, monsieur et madame Labadie, Roger Luce, monsieur Marchesani, Laurence Mejean, Jacqueline Nicodémi, Gilbert Panuel, Hélène Perrimond, Huguette Rastègue, Charlotte Reynier, Jeannine Tate, Robert Vincent.

Je remercie tout particulièrement Charles Vincent qui m'a permis d'utiliser sa merveilleuse collection.